Peter Butschkow

Überleben
auf dem
Lande

Lappan

Der Autor: **Peter Butschko(w)**
Cartoonist und Textautor, Berliner Pflanze
mit angeborener Sehnsucht nach ländlichem
Sauerstoff. Lebte eine Hälfte seines bisherigen
Lebens auf dem Land. Seit 1988 in Langenhorn,
einem kleinen Dorf an der nordfriesischen
Nordseeküste.

*Mein Dank an Eddy, für die satirischen Grafiken
auf den Seiten 18 und 38.*

© 2011 Lappan Verlag GmbH
Postfach 3407 · 26024 Oldenburg
www.lappan.de
Druck und Bindung:
Proost International Book Production
Printed in Belgium

ISBN 978-3-8303-3287-9

Der Lappan Verlag ist ein Unternehmen
der Verlagsgruppe Ueberreuter, Wien.

Vorwort

Vor Millionen von Jahren bestand die Erde eigentlich nur aus Land, das sich in den verschiedensten geologischen Prozessen geformt hatte. Manche Menschen lebten in Höhlen, andere in der freien Natur. Schon damals beharkten sich die beiden Gruppen im gegenseitigen Unverständnis: „Wie kann man nur in einer Steinhöhle mit so vielen Menschen leben, das könnte ich nicht." Die Antwort: „Wie kann man nur draußen mit so vielen Tieren leben, das könnte ich nicht." Bis heute hat sich daran nichts geändert. Dabei wandern die Menschen im Laufe ihres Lebens mal auf diese, mal auf jene Seite. Eine liebe Bekannte, zuvor ein überzeugter Stadtmensch, die glaubte, niemals im Leben auf all das verzichten zu können, was die Stadt ihr täglich bietet, ist heute vollends dem Leben in der Natur verfallen, der Liebe zu ihrem Hund gänzlich. Einen großen Teil der Kinder hingegen, die auf dem Land groß geworden sind, zieht es mit dem Erwachsenwerden magisch in die Ballungszentren der Städte. Einfach, weil da mehr los ist als ein ausgerissenes Schaf. Im Alter wandern viele Menschen „wegen der besseren Infrastruktur", wie sie sagen, vom Land wiederum in die Stadt. Wie eine kleine, permanente Völkerwanderung ist das. Gut so, dass nicht alle die gleichen Lebensideale haben. Die Vision, dass morgen alle in mein kleines Dorf zögen, würde mich auf der Stelle zurück in die Stadt treiben. Da hätte ich dann wieder meine Ruhe.

Inhalt

Halbe-halbe 10

Einleben 12

Mein erster Schritt aufs Land. 14

Die Bauern. 19

Blondie 23

Wie sagt der Bauer? 27

Land-Ei im Stadtnest 29

Ein Tag im Land-TV. 34

Tiere 37

Der schwarze Schwan. 41

Igittigittigittigittt!!!! 45

Das Schaf 49

Printshow: Best of ländliche Presse 52

Aus dem Tagebuch einer Wandergruppe. 54

Aal satt 55

Tipps zum Überleben auf dem Land 58

Halbe-halbe

Insgesamt verfüge ich über dreißig Jahre Erfahrung im Landleben, die sich auf sieben Jahre in Nordrhein-Westfalen und dreiundzwanzig Jahre in Schleswig-Holstein verteilen. Ich habe folglich eine Hälfte meines Lebens in der Stadt und die andere auf dem Land gelebt. Zuerst ganz verwunschen in einem märchenhaft gelegenen Fachwerkhaus im Rhein-Sieg-Kreis und zuletzt in einem gemütlichen Reetdachhaus nahe der nordfriesischen Küstenlinie, wo ich bis heute lebe, beide Male also in Häusern in landestypischen Baustilen. Mir fiel immer auf, dass ein großer Teil der einheimischen Bevölkerung die Liebe zu seiner historischen Architektur scheinbar verloren hat. Im rheinischen Landkreis verputzten oder verblendeten die Einwohner ihre Fachwerkhäuser mit grauenvollen Mauerstein- oder Schiefer-Imitationen, es waren oft die närrischen Städter, die sich solcher Art geschändete Häuser zu Herzen nahmen, die gequälten Objekte von ihren Kunststoff-Fratzen befreiten und die Fachwerkkonstruktion mit Liebe restaurierten. In meinem nordfriesischen Umfeld macht sich neuerdings ein Faible für schnucklige Schwedenhäuser oder mächtige Photovoltaikflächen breit, unter deren der Sonne zugewandten Dachneigungen die Eigentümer dann die eingeschränkten Gegebenheiten der Verteilung des Wohnraums offenbar schmerzfrei dem energiefreundlichen, lukrativen Nutzungszweck opfern. Neue Reetdachhäuser sieht man immer seltener.

Zwischen diesen beiden Lebensstufen, zwischen dem Leben in üppigen Wäldern und dem Leben in würziger Nordseeluft, pausierte ich fünf Jahre in Hamburg und genoss die verlockende Gastronomie und die Aura rebellischer Stadtviertel, ganz abgesehen vom imposanten Hamburger Hafen, der einem unweigerlich die Seele in Fernweh taucht. Ja, ich liebe und lebe offenbar die Kontraste. Als ideale Lebensform für mich hat sich die Mischung zwischen dem gemütlichen, ländlichen Stammhaus und regelmäßigen Ausflügen in die quirligen Ballungszentren bewährt. Für meine Nachbarn bin ich „ständig unterwegs", für meine Stadtfreunde lebe ich „weit ab in der nordfriesischen Wildnis".

Und von diesen meinen Befindlichkeiten und amüsanten Erfahrungen in der gelebten, bundesdeutschen Wildnis, erzähle ich in diesem Buch.

Einleben

Der Einstieg in die Dorfgemeinschaft ist für den Städter nicht leicht. Abgesehen von individuellen Empfindsamkeiten steht der Einheimische dem Fremden anfänglich distanziert, auch etwas misstrauisch gegenüber. Schließlich kommt der aus der Stadt, lebte am vitalen Pulsschlag der Zeit, surfte hoch oben auf der Welle von Kultur und Geist, und er, der Dörfler, hockte eingebettet zwischen Korn und Kirchturm, von all dem abgeschnitten. Das verunsichert. Viele Zugereiste verderben es sich gleich, weil sie den Weltbürger rausblasen und hier und da durch unbedachte Großspurigkeit einen Anschein von Überheblichkeit versprühen, die dem Landbewohner den Mund offen stehen lässt. „Letztens, bei unserem Lieblingsitaliener in der Andy-Warhol-Straße, saß doch glatt Karl Lagerfeld neben uns. Na, der hat vielleicht gestaunt!"

Um dem scheuen Ureinwohner näherzukommen, sollte man umsichtig vorangehen. Ein Rheinländer funktioniert anders als ein Nordfriese, auch das muss man berücksichtigen. Das Anbiedern durch großherzige Zuwendungen, ob es eine Palette neuer Pflastersteine oder auch nur ein Bündel Handgeld ist, ist verfehlt. Das Herz des Einheimischen erreicht man am besten auf Augenhöhe über seine dörflichen Kultstätten, den Gasthof, den Stammtisch, den Sport-, Spar- oder Schützenverein, den Jagdverband oder den Kegel- oder Häkelclub, auch Geheimbünde bieten sich an; mit Kindern stehen einem der Kindergarten und die Elternabende zur Verfügung, aber auch das ganz normale Gespräch im Supermarkt oder im ärztlichen Wartezimmer kann erwärmend wirken. Wer weder einkauft noch krank ist, der kann es mit einem kurzweiligen Dialog über den Gartenzaun versuchen: Gespräche über Unkraut oder den neuesten Laubsauger schaffen ein Gefühl von Gemeinsamkeit. Das schweißt zusammen. Zu guter Letzt gibt es ja noch das bewährte „Die da oben"-Thema.

Ich habe mir meine ersten Sympathien im Gasthaus erworben, was mir ziemlich leicht fiel. Es entspricht meiner Lebenslust, meiner Trinkfreude und meinem Talent, gut Witze zu erzählen. Das punktet. Jeder muss da seinen Weg finden. Die Alternative heißt Isolation, das bedeutet Einsamkeit und im schlimmsten Notfall das Ausbleiben der Freiwilligen Feuerwehr. Kein schöner Gedanke.

„Herrgott! Könnt Ihr die Spätnachrichten nicht
ein bisschen früher vorlesen?"

Mein erster Schritt aufs Land

Mein Abschied von der Stadt ging völlig geräuschlos über die Bühne. Die engsten Freunde wussten wohl, dass ich ihn vorhatte, waren aber doch überrascht, als ihnen meine Freundin mitteilte, ich sei fort. Auf und davon in meinem französischen Kombi, mit alten Treppenhandläufen auf dem Dach und meinen Lieblingsschallplatten im Gepäckraum, zu meinem Fachwerkhäuschen im Rhein-Sieg-Kreis, fünfzig Autominuten von Köln entfernt, das ich mir Jahre vorher gekauft hatte. Ich hatte nach fünfunddreißig Jahren Stadt die Berliner Schnauze voll. Auf verstörte Fragen, warum sie denn nicht mitgefahren sei, antwortete sie wahrheitsgemäß: „Ich muss noch etwas in der Stadt bleiben und Karriere machen, ich komme später nach." Sie kam nie.

Die Jahre zuvor hatte ich mir meine Landidylle innen und außen vorrangig von handwerklich talentierten Freunden restaurieren lassen, nur in den sensiblen Bereichen Elektrik und Heizungstechnik verließ ich mich dann doch lie-

ber auf örtliche Handwerksbetriebe, die echtes Geld verlangten und mein übliches Angebot: „Kannst in meinem Haus umsonst Urlaub machen. Wenn du nebenbei vielleicht noch 'n paar Wände einreißt und hier und dort mal Hand anlegst, dann ist das okay" freundlich ablehnten, dafür aber die nachhaltige Garantie für ihre Arbeit übernahmen, die meine Freunde wiederum ablehnten. Für sie war ihre Hilfe Ehrensache und mein Vertrauen in ihre handwerklichen Fähigkeiten die stille Grundlage einer echten Männerfreundschaft. Einer dieser eifrigen, hilfsbereiten Freunde opferte ein ganzes Wochenende, um in meiner Küche lustvoll mächtige Nägel in Isolierplatten und Wand zu hämmern, um sich dann am Sonntagabend erschöpft, aber von meiner Dankbarkeit gesalbt, wieder auf die Heimreise zu machen. Tage später stellte der örtliche Heizungsinstallateur fest, dass der Druckabfall auf meiner nagelneuen Heizungsanlage von einem mächtigen Nagel stammt, der sich in der Küche durch eine Isoliermatte und ein darunter liegendes Wasserrohr gebohrt hatte.

Wenn man mich in der Zeit fragte, was ich mir zum Geburtstag wünschen würde, hatte ich völlig neue Ideen: „Ach, schenk mir einfach 'n Dachbalken oder einen Topf Wandfarbe." Ein guter Kumpel zog sogar von Berlin komplett in mein Haus und lebte fast drei Jahre dort. In der ersten Zeit quasi auf einer Baustelle, aber mit der Zeit machte er es wohnlicher und wohnlicher, ganz so, wie wir die Renovierungsstufen abgesprochen hatten.

Material und Werkzeug musste ich ihm natürlich stellen, dazu erteilte ich ihm blind die Befugnis, in den örtlichen Baumärkten auf meinen Namen einzukaufen, was ihn offenbar in einen solchen Kaufrausch versetzte, dass er weitaus mehr orderte, als für mein Haus notwendig gewesen wäre. Mit den überschüssigen Baustoffen sanierte er sich in seiner Verlegenheit dann parallel ein eigenes Haus, das er von der Provision der Baumärkte zum Spottpreis erstanden hatte. Diese Immobilie war dann der Grundstein für den Beginn seiner höchst erfolgreichen Karriere als Bauunternehmer. So leistet man guten Freunden mitunter existenzielle Hilfe, ohne die geringste Ahnung davon zu haben.

Endlich nun konnte ich mich ganz in mein Häuschen fallen lassen, das anfangs noch stark von Berliner Freunden frequentiert wurde, die unbedingt sehen wollten, in welche Einöde sich denn ihr alter Freund zurückgezogen hatte und zwischen „traumhaft" und „hier könnte ich nicht leben" hin- und hergerissen waren. Diese Extreme sind absolut typisch, und jeder Stadtflüchtling kennt sie gut. Längst bin ich als alter Hase dagegen immun und lasse mich auf keine Diskussion über Vor- und Nachteile von Land- oder Stadtleben mehr ein. Es ist müßig. Man wirft sich nur gegenseitig seine persönlichen Ansichten um die Ohren, die weder bewirken, dass ich am nächsten Tag wieder in die Stadt zurückziehe, noch dass der andere umgehend mit Kind und Kegel aufs Land zieht. Ich merkte aber durchaus, dass meine süffisanten Abhandlungen über die neuesten Forschungsergebnisse, dass das Risiko für Angststörungen in den Städten um 21 Prozent und für affektive Erkrankungen wie Depressionen um 39 Prozent höher sei als auf dem Land, sie unsicher machten. Manche, wenn sie sich wieder einigermaßen gefangen hatten, konterten, dass man ja auf dem Land einer hochgradigen Gefahr von jungen, unerfahrenen Traktorfahrern ausgesetzt sei, die statistisch überdurchschnittlich in Unfälle verwickelt seien und dass die deftigen Speisen der heimischen Küche die Blutwerte ruinieren würden. Mich erreichen solche Verleumdungen nicht, im Grunde sind sie nur neidisch, weil sie auch viel lieber in frischer Luft leben würden.

„Tatsächlich? Sie waren dieser berühmte Brunft-Bruno?!"

Landlust

Die harten Seiten des Landlebens

August 2011 | 3,50 €

Grunzen, Blöken, Muhen
Das lärmende Vieh

Mörder Natur
Giftiges Zeug

Wucherndes Grün
Zeitkiller Garten

Wenn die Natur die Seele würgt

DIE KAHLEN TAGE

18

Die Bauern

In einsam abgelegenen Berghöfen oder im entlegensten Hinterwald habe ich noch nie gelebt, und es zieht mich dort auch nicht hin, aber Bauern mitten im Dorf oder dicht am Rand, die sind mir begegnet, und unbewusst haben sie mir stets dabei geholfen, mit ihrem geerdeten Wesen leichteren Zugang zur Seele des Dorfes zu finden.

Sicher mag bei ihnen – wie auch bei mir – eine angeborene Neugierde einen erheblichen Anteil dazu beigetragen haben, aber dass gerade sie, die gemeinhin als stramme Bewahrer konservativen Gedankengutes gelten, in der ersten Phase meines Landlebens die zugänglichsten Anlaufstellen waren, hatte ich so nicht erwartet. Dabei sind sie durchaus echte Schlitzohren und achten wachsam darauf, dass sie nicht zu kurz kommen – die berühmte Bauernschläue, es gibt sie wahrhaftig. Aber mal ehrlich, worin unterscheiden sie sich in ihrem Überlebensprogramm darin vom Rest der Bevölkerung?

Als ganz junger Kerl gelangte ich durch einen Zufall ins tiefe Niederbayern und verfiel sofort der Herzlichkeit einer ungemein offenen und gastfreundlichen Bauernfamilie, die ich fortan regelmäßig besuchte. Unter dem mächtigen Dach des Hauptgebäudes wohnten mehrere Generationen zusammen und unterhielten sich in einem unglaublichen Dialekt. In dieser lebensfrohen Sippe wurde unglaublich viel gelacht, besonders über den pickligen Gast aus Berlin, aber nie sollte mich ihr Humor – zumindest den, den ich verstanden habe –

verletzen. Sie wohnten mit dem lieben Gott unter einem Dach, selten habe ich ihn so unaufdringlich empfunden wie in dieser Familie. In meinem Berliner Stadtbezirk wohnte er in der Kirche und ließ uns von seinen Angestellten eine reinhauen, wenn wir im Konfirmationsunterricht störten.

Jahre später lag direkt gegenüber von meinem Fachwerkhaus ein kleiner Bauernhof, und die leichte Verkommenheit seiner Gebäudesubstanzen gab ihm einen malerischen Charme. Dort lebte „Öttchen", der Bauer, mit seiner freundlichen, weißhaarigen Mutter, und ich wage zu behaupten, dass beide sich ein Leben lang ausschließlich von Bratkartoffeln ernährt haben, denn nichts anderes habe ich jemals in ihren Pfannen gesehen, wenn ich mal in die kleine Bauernstube zur Abfrage von Neuigkeiten bestellt wurde. Wobei Öttchen sich mit glucksendem Vergnügen hauptsächlich für die weiblichen Personen meines Freundeskreises interessierte. Er konnte mit bloßem Auge das Körpergewicht einer Frau taxieren, und das aufs Kilogramm genau. Auch jede Ab- oder Zunahme vermochte er exakt zu beziffern. Viele meiner weiblichen Bekannten fürchteten sich richtig ein bisschen davor, ihm zu begegnen. „Ach?" (Mit diesem Wort des Erstaunens begann Öttchen jeden Satz.) „Die Sonja! Dat jiddet nich! Hast aber auch jute vier Kilo zujelecht." Ohne ihn hätte mir in meiner Zeit in diesem grünen Tal etwas gefehlt.

Öttchen war ein wirkliches Schmuckstück und hätte, so wie er da hoch oben auf seinem froschgrünen Deutz im leicht abgewetzten, blauen Drillich mit seinen immer roten Bäckchen thronte, durchaus die Hauptrolle in einem Kinderfilm spielen können: „Öttchen aus Krahwinkel."

Auch in meinem heutigen Dorf leben einige dieser Prachtexemplare, mit denen immer Zeit für einen erfrischenden „Schnack" ist. Es gibt aber auch Bekannte von mir, die sich für den Umzug aufs Land entschieden haben und sich im Ort automatisch mit anderen Aussteigern aus städtischen Kulturkreisen zusammenschlossen, um in ihrer Dorfgemeinschaft wie in einer elitären Zelle in einer Parallelgesellschaft zu leben. Wie schade, dass sie sich dadurch den Reichtum bäuerlicher Originale verwehren. Und sollten die Zeiten eines Tages schlechter werden, wird sich jedenfalls meine Kontaktpflege zu den Landwirten auszahlen, und sie werden mir ganz gewiss in treuer Verbundenheit mal diese oder jene Rübe zustecken. Daher der Name Steckrübe.

Blondie

Zur Abrundung seiner Landleberomantik gehört zum verträumten Städter mit ländlichem Haus und dem Besitz einer anliegenden Weide natürlich noch ein Pferd. Und welche Rasse passt zur saftigen Wiese in Hügellage am Waldesrand, umsäumt von knorrigen Ostbäumen mehr als ein Haflinger? Die blonde Haflinger-Stute mit der wilden Mähne stand in einer Anzeige – und kurz danach auf meiner Koppel. Vom ersten Augenblick an wusste ich, dass sie wusste, dass sie einem Ahnungslosen in die Hände gefallen war. Ich kannte Pferde nur aus den Tagen meiner Kindheit, als die Brauereien in Berlin noch ihre Bierfässer auf knarzenden Holzkutschen lieferten, die von zwei stämmigen Kaltblütern gezogen wurden. Die Berliner nannten solche Kutscher „Bierkuttis". Es ist lange her, aber ich erinnere mich noch heute an diese riesigen, schwarzen Rösser mit dem bodenlangen Schweif, vor denen ich einen ebenso riesigen Respekt hatte.

„Blondie", wie ich nun meine neue Errungenschaft zärtlich nannte, war wohl erheblich kleiner als die Kolosse vor den Bierwagen, aber für mich immer noch eine enorme Muskelmasse Pferdefleisch, mit der ich eigentlich nicht mehr anfangen wollte, als sie als natürliche Zierde auf meine Weidefläche zu stellen und mich an ihrem Anblick zu erfreuen. Die Nachbarn meinten aber, man könne auf so einem Objekt auch durchaus sitzen und sich damit zum EDEKA-Markt befördern lassen. Also kaufte ich, wie man mir riet, Sattel, Zaumzeug, Longierleine, eine kleine Pflegegarnitur sowie eine Peitsche. Als ich mit der Ausrüstung an Blondies Koppel trat, stellte ich mir so die Grundausstattung für einen Sado-Maso-Salon vor. Die Domina selbst schien vor Glück wie aus dem Häuschen, sie galoppierte wie eine Verrückte kreuz und quer durch die Koppel und keilte dabei wieder und wieder aus, wobei sie bei jedem Rückstoß eine mächtige Blähung abließ, die ich als ziemlich gewöhnungsbedürftig empfand. Mithilfe eines Freundes gelang es mir, das aufgekratzte Pferdchen zu uns zu locken, ihm das Halfter anzulegen und es sogar zu satteln. Weiß der Teufel, wie wir das geschafft haben. Es gelang mir sogar, aufzusitzen und auf seine Kommandos zu warten. Es passierte aber nichts, außer, dass das Tier jede Kooperation verweigerte, sich abrupt hinwarf und sich rücklings mitsamt des Sattels genüsslich auf dem Boden wälzte, während ich hilflos neben dem strampelnden Fleischberg stand, heilfroh, dass ich dieser eigensinnigen Rückengymnastik ohne Quetschungen entkommen war. Die ganze Szene löste im Dorf hinter den Gardinen und Rollos größte Heiterkeit aus, und noch heute, so wurde mir berichtet, erzählt man sich in der Region die Geschichte vom blöden Städter und seiner renitenten Blondine. Gewiss wird der ortsansässige Schmied, den ich mal zum Beschlagen zweier Hufe engagiert hatte, mit der Schilderung dieser Prozedur, in der ich schweißtriefend versuchte, die monströse Hinterkeule dieser widerspenstigen Pferdedame wenigstens für ein paar Sekunden festzuhalten, damit der Meister sein Werk tun kann, einen ordentlichen Teil zur Verbreitung meiner Erbärmlichkeit beigetragen haben. Als ich mir dann noch ins Gewissen schreiben lassen musste, dass ich es versäumt hatte, der Blonden eine Wurmkur zu verabreichen, was mir erst aufgefallen war, als mich fast jeder, der an der Koppel vorbeikam, fragte, ob ich sie auf Diät gesetzt hätte, und ich reinen Herzens beteuerte, dass sie für sich ganz alleine üppige 8000 qm Futterwiese zur Verfügung hätte und auch noch Extraportionen Heu bekäme, da war ich am Ende. Ich hatte mir Pferdehaltung als ganz einfache Formel vorgestellt: Tier + Heu + Wasser + Auslauf + Leckerchen = Glück. Dazwischen klemmten also noch unerwünschte Begleiterscheinungen, wie eklige Würmer und wer weiß was sonst noch alles aus der großen Parasitenfamilie. Wie scheußlich.

Wir hatten uns auseinandergelebt, dabei hatten wir uns noch nicht mal richtig kennengelernt. Nicht anders läuft es schließlich häufig zwischen Mann und Frau auch. Ich leitete die Trennung ein. Da wir nicht verheiratet waren, konnte sie keine Ansprüche an Ausrüstung oder Weidefläche geltend machen und ich verkaufte sie nicht ohne Genugtuung an eine kleine schwarzhaarige Pferdeflüsterin aus dem Nachbarort, die ihr auf der Stelle Manieren beibrachte. Stuten untereinander verstehen sich eben besser. Meine Erfahrung jedoch soll Warnung für all diejenigen sein, die sich grünäugig und ohne jede Erfahrungen mit größeren Tieren in solche Abenteuer werfen. Der Belustigung der einheimischen Bevölkerung aber sind solche Aktionen unbedarfter Landfrischlinge zweifellos enorm zuträglich.

Der Bauer sagt: „Glotzt das Schwein blöd aus der Borste, ist der Herbst bereits im Forste!"

Wie sagt der Bauer?

Das Ächzen ist die halbe Arbeit.

Alleine dreschen und alleine singen – bringt kein Korn und keine Kinder!

Unnütze Hände melken den Ochsen.

Die gebratenen Vögel fliegen überall hoch.

Man wird zu früh zu alt und zu spät gescheit.

Kurze Lieder sind schnell gesungen.

Besser im Krug ersoffen als im Bach.

Füße warm, Kopf kalt, macht die Leute alt.

Die großen Herren und die großen Hunde beißen einander nicht.

In jeder Küche raucht's mal.

Liebe vergeht, Hektar besteht.

Geld haben wir wie Heu, nur gemäht ist es noch nicht.

Das Jungsein ist ein Fehler, der alle Tage kleiner wird.

27

„New Yoooork, New Yooork, schubidu, schub-schub, schubiduuu …!"

Land-Ei im Stadtnest

Ich sitze zwischen Stadtmüttern mit Stadtbabys im „Garten" eines italienischen Restaurants zwischen künstlich arrangierten Trennwänden auf hartem Betonboden an einer belebten Straßenkreuzung und schlürfe – natürlich – Latte Macchatio. Mitten in einem Geräuschsalat aus Straßenverkehr, Baulärm und vokalen Ausscheidungen von den Nachbartischen. Von Menschen, die erst zu wirklicher Form auflaufen, wenn sie in aller Öffentlichkeit mittels ihres Handys mit Geschäftsfreunden oder sonstigen Placebos ihres bedeutsamen Lebens penetrant laut Gespräche führen können. Eine Eigenschaft, die offenbar nur noch einen vom Stadtfieber abgeschnittenen Dorfbewohner stört, scheint mir. Immer wieder höre ich die beliebten Modeworte „fokussieren", „operatives Geschäft", oder sie sagen: „Worst case!".

So spricht kein Mensch auf dem Land. Jeder im Radius von zehn Metern muss hören, wie sprachgewandt Mister oder Missis Wichtig parliert und andere nach Sachlage energisch auf den Pott setzt. Das japanische Schilfgras in den Terrakottatöpfen ist in diesem gestelzten Verbal-Smog längst zu einem bizarren Kunstwerk verdorrt. Auch die ermatteten Mütter telefonieren mit ihren Handys über das operative Geschäft in den Windeln und mögen das offensichtlich auch am liebsten öffentlich. Nun, wer lässt schon gerne die Gelegenheit aus, in fremder Gesellschaft die harten Anforderungen seines Lebens und seine immensen persönlichen Leistungen, alternativ auch Intimitäten, zu vermitteln? „Ich werd diesen Scheidenpilz einfach nicht los, glaubst du?"

So fällt es mir wahnsinnig schwer, mich auf das Gespräch mit meiner Gesprächspartnerin zu konzentrieren. Nach dreiundzwanzig Jahren auf dem Land sind meine Sinne offenbar grundgereinigt und solchem Lebenslärm nicht mehr gewachsen. Die wenigen Klangschalen meines Dorfes bestehen aus dem kleinen Glockenturm der Kirche, den heiseren Kehlen blökender Schafe, dem Geplauder der vom Wind geschüttelten Blätter und dem Dauerkonzert lebenslustiger Vögel, sogar das gelegentliche Brummen der schweren Landmaschinen von den Feldern hat darin seinen Platz gefunden. Fremde Geräusche filtere ich gleich heraus und springe verschreckt ans Fenster, um ihre Quelle zu ergründen. Was habe ich früher über diese Reflexe der Dörfler gespottet, heute zeige ich sie selber. Die kompakten Laute seines ländlichen Alltaglebens hat man halt fest abgespeichert, jeder fremde Ton kommt erstmal in den inneren Spam-Ordner.

Für die anderen Menschen in meinem Umfeld scheint dieses akustische Inferno völlig normal zu sein, sie lassen sich nicht im Geringsten ablenken, während ich alle Disziplin aufbringen muss, um mich nicht durch einen Wutanfall: „Könnt ihr mir nicht alle mal eure banale, intime Scheiße ersparen!!???" als verirrter Provinzler aus dem nordfriesischen Outback zu erkennen zu geben, wo man Ferngespräche scheinbar noch durch leere Konservendosen kommuniziert.

Claudia aus München hatte mich nämlich angerufen, sie hat da einen Termin im Norden und würde sich freuen, mich in Hamburg zu treffen. „Können wir ein paar wichtige Dinge doch viel besser persönlich bei einem guten Italiener durchsprechen, gell?" Der „Italiener", längst ein Synonym für Lebensart und kultiviertes Essen auf gigantischen Tellern und teure Weinpfützen auf dem Boden von fragilen Gläsern in Melonengröße und gepflegte Gespräche und stilvolle Rechnungen in weißen Servietten. Gute Idee, so schmecke ich mal wieder mediterrane Kochkunst und komme raus aus meinem Dorf, in zwei Stunden bin ich da, in der Stadt. In regelmäßigen Abständen zieht es mich schon fort aus meiner Idylle, vielleicht weil ich Angst habe Moos anzusetzen? Wohl eher, weil die sensible Künstlernatur in mir nach neuen optischen Impulsen und Eindrücken lechzt, da ist ein gelegentlicher Besuch in der Stadt immer willkommene Inspiration.

Verlasse ich mein scheues Dorf, vollzieht sich der Wandel vom Land zur Stadt, Gott sei Dank, in sanften Schüben. Irgendein einfühlsamer und voraus-

schauender Regisseur hat das wohl so eingerichtet, damit der Schock der Umstellung für den mutigen Ausreißer nicht so groß ist. Im nächstfolgenden, einem klein wenig größeren Dorf hinter meinem Heimatort, befindet sich sogar eine Apotheke mit elektrischer Leuchtreklame und eine moderne, verglaste Bushaltestelle. Ich bin kurz geschockt, zwinge mich aber, damit umzugehen. Im anschließenden Dorf gibt es bereits die Errungenschaft einer Ampel und eine Tankstelle, an der die Ansammlung von vier Autos an den Zapfsäulen mir einen ersten Vorgeschmack eines größeren Aufkommens von Kraftfahrzeugen vermittelt. Eine aufkommende Beklemmung bekomme ich aber sogleich in den Griff. Im letzten Dorf vor der Autobahn stehen dann schon die ersten klassischen Zweigstellen des bundesdeutschen Einzelhandels, große Discounter mit riesigen Parkplatzflächen. Ich atme ruhig und gleichmäßig, so, wie es mich mein Panikberater gelehrt hat.

Jetzt bemerke ich auch eine auffällige Häufung deutlich modisch gekleideter Passanten, ein Signal, dass ich die Welt der Kunstfaser-Blousons mit Sportvereinaufschriften und verbeulten Jogginghosen offenbar verlassen habe. Ergänzend möchte ich erwähnen, dass der Dorfbewohner im Alltag eher praktische Bekleidung bevorzugt, eine Nuss, an der sich die Fabrikanten extravaganter Mode beständig die Zähne ausbeißen werden.

Insgesamt wird es nun spürbar unruhiger, auch etwas lauter, man bildet sich ein, in weiter Ferne bereits den dröhnenden Pulsschlag der Stadt zu vernehmen, obwohl sie noch weit weg ist. Auf der Autobahn verdichtet sich der Verkehr, man packt das Lenkrad fester, noch wäre es jetzt für den Nestflüchter die Gelegenheit, zu wenden und zurück in sein gemütliches Dörfchen zu flüchten, denn langsam spürt er, worauf er sich eingelassen hat. Auf diesen Termin mit Claudia – in der Stadt!

An der Stadtgrenze natürlich der erste Stau, dann fließe ich schicksalergeben mit dem Strom der Autos in Richtung Stadtmitte, rein ins Getümmel. Es gibt ja echt viele Menschen auf der Welt, denke ich und werde dann immer ganz philosophisch. Wo eilen sie hin, was ist ihr Ziel? Lieben sie? Leiden sie?? Was arbeiten sie? Warum machen sie alle so ernste Gesichter? Schauen so starr in die Ferne? In meinem Dorf schaut man sich an, wenn man aneinander vorbeigeht, sogar die Kühe und Schafe tun das, wenn ich ihre Weide passiere, und die Pferde kommen sogar an den Koppelzaun, um sich ihre herrlich weiche, warme Schnauze streicheln zu lassen. Das könnten die Städter doch auch tun! Kurz mal verweilen. „Darf ich Sie kurz streicheln?" – „Aber ja, gerne." Wie wohl täte diese Zuwendung gerade dem menschlichen Miteinander. Den gestressten Städtern ganz besonders. Und jedes Mal denke ich, jeder dieser Menschen ist eine einmalige Persönlichkeit, und doch haben alle Frauen und Männer grundsätzlich exakt dieselben Organe, und alle an der gleichen Stelle. Der Gedanke fasziniert mich beständig, ich verfolge ihn aber ebenso beständig nicht weiter.

Sie fluten wie aufgezogen durch Straßen und Häuserfluchten, winden sich in Schlangen über Kreuzungen und in die gähnenden Schlünde der U-Bahn-Stationen. Und überall Autos, Autos, Autos. Die Pest. Die schönsten, historischsten Straßenzüge, vollgestopft und versaut durch dicht an dicht parkende Autos. Manch einer, der spät abends nach einer Stunde „Um-den-Block-fahren" noch keinen Parkplatz gefunden hat, stellt sein Auto einfach irgendwo ab. Ihm ist alles egal, auch, dass die Fußgänger am nächsten Morgen über seine Motorhaube laufen. Ich hasse sie. Braucht ihr Parkplätze? Wir auf dem Land haben mehr als genug davon. Ich fahre selber aber auch lieber mit meinem bequemen Auto in die Stadt, man ist einfach beweglicher. In Wahrheit bin ich menschenscheuer geworden und fühle mich in der Glocke meines Autos geborgener und sicherer als in Bahnen oder Bussen, zusammengepfercht mit fremden, nach Schweiß oder ranzigem Deo stinkenden Menschen, dicht an dicht. Vom Terror ihrer Handys und Unterhaltungselektronik mal ganz abgesehen. Wie bei diesem Italiener hier, mit Claudia.

Zwei Stunden später haben wir uns alles gesagt, alles gegessen, alles getrunken, was man beim Italiener alles so isst und trinkt und uns zum Abschied herzlich gedrückt und uns auf ein Wiedersehen eingeschworen. Rolle rückwärts, endlich darf ich wieder nach Hause. Der Verkehr wird immer dünner, der Himmel größer, die Wiesen grüner und die Luft klarer, dieses einmalige, magische Nordlicht. Und dann sehe ich die ersten Schafe, wie sie sich stoisch durch die Wiesen mampfen, und der Duft von frisch gemähtem Gras kraucht durch die Luftschlitze. Ich halte an einer Pferdekoppel und streichele mit geschlossen Augen eine weiche Pferdeschnauze. Ick bin wedder tu Hus.

GERSTE

5:30 Frühstücksfernsehen
Heute: Rührei mit Speck
und Vollkornbrötchen

9:00 Explosiv
Methan im Stall/Doku

11:00 Gute Saiten, schlechte Saiten
Gitarrenmusik im
Alpenvorland

12:15 Kornkreise
Ein Besuch bei
Ackerdesignern

13:30 Heimatkunde

15:00 Gülle räumt auf
Kinderfilm/2010

16:00 Aktuelle Stute

17:30 Die Lottofee
Heute: Ziehung der Zähne

18:30 Der Fluch des Knechtes
Spielfilm USA/Kanada 1998

20:00 Der Eierdieb
Thriller D/GB 2008

Holger (James Egghead) lebt
mit seiner Frau in einem kleinen
Dorf in Südengland. Nach einem
Streit mit einer Politesse wirft er
sein Leben weg. Das findet die
charmante Nora. Ihr Vater, der
berühmte Eierzüchter McChi-
cken, engagiert einen Detektiv.

22:30 Upps! Die Pfannenshow
Pannen in bäuerlicher
Küche

0:00 Sonnenuntergang

0:05 Melisse und Spitzwegerich
Liebesfilm D/2010

1:35 Schlag den Raben
Quiz-Show mit dem Orni-
thologen Stefan Kolk

2.20 Pralle Euter
Botox im Stall?
Medizin-Magazin

SAAT 1

4:30 Das Feld ruft

7:00 Zweites Frühstück mit Resi
Junger Tag und alte Gäste

9:00 Auf den Furchen der Welt
Doku-Reihe.
Vom Bergischen Land
bis Bangladesch

11:30 Verbotene Triebe
Familienserie

12:00 Schädlinge
Heute: Zu Besuch beim
Kartoffelkäfer

14:00 Alle Wetter
Die Wochenprognose
vom Gicht-Gustl

14:30 Der Fänger im Roggen
Spielfilm, Salinger 1962

16:30 Mach mich vom Acker
Aussteiger Doku

18:00 Maisberger
Talkshow

20:15 Krume & Hektar
Krimiserie (D/Ö 2011)

Böses Erwachen auf dem
Germknödlerhof, die Bäuerin
wird des Mordes am Sensen-
mann verdächtigt. Unsere beiden Super-Kommissare im Ge-
strüpp der menschlichen
Abgründe. In der Nebenrolle
Hans Dampf als Gasse.

22:15 Tatort: Tödliche Tenne
Wiederholung vom letzten
Erntedankfest

23:45 SAAT 1-Magazin

0.00 Drescher & Häcksler
Comedy

0:30 Heiße Bienen
Erotik-Magazin des
Imkerverbandes

1:00 Wen der Hafer sticht
Spielfilm USA/1987

D.O.R.F

7:00 Der Hahn kräht
Aufstehen mit Konstantin
Wecker

7:30 Kanne Will
Früh-Talk mit Gästen

8:00 Lasst die Kirche im Dorf
Besinnliches von der Kanzel

9:00 Das perfekte Pony-Dinner
Pferdeschlächter kochen

11:00 Die Ziegen von Navarone
Bockbuster, USA 2005

13:00 Die Stars der Goldenen Henne 2011
Gala mit Gunter Gockel
und Gästen

16:00 Das Landluder
Komödie (D/Ö 10)
Verena Waginer in
Höchstform

18:00 Dorfstraße
Serie

20:15 Knuts Frau
Heimatfilm (D/9)

Die bildhübsche Frau eines
Dorfschreibers verliebt sich in
den Spendensammler Lars.
Der kommt unter obskuren
Umständen um. Als Knut vom
Optiker kommt, sieht er zum
ersten Mal, was los ist.
Showdown am Brunnen.

22:00 Alle mal herhören!
Live-Übertragung von der
Gemeinderatssitzung

23:00 Die Farmerindustrie
Doku

23:45 Der letzte Bulle
Schlachthofdrama (D/Ö
2010)

1:00 WIESO
Fragesendung

2:30 Brutus, der Laubsauger
Comedy

VÖQÝ ARTE

5:00 Frühstück im Stall
Morgendliche
Impressionen

7:00 Brotzeit

12:00 SCHWARTE-Journal

13:00 Der Film mit dem Schwein
Komödie (GB84) mit
Michael Palin, Maggie
Smith, Denholm Elliott

14:45 Bauer sucht Sau
Heute: Bauer
Speckfetter aus der
Uckermark

15:30 Die Veterinärin
Serie

16:30 Stirb langsam
USA/Schlachthof-Thriller

18:30 Two and a Half Pound
Schlachter Sitcom

19:00 Ebers Stunde
Talkshow

20:15 Hinter Gittern
Thriller (BR/WDR)

Meuterei im Hochsicherheitsstall.
Niemand ahnt, dass Zuchteber
Fetty ein Undercoveragent ist.
Für ihre Schweinerolle als Rosa
erhielt Betty Grunz das Goldige
Schweinchen.

22:00 Nacken
Brat-Show

22:45 Altes Ferkel
Porträt von Playboy-
Verleger Hugh Hefner

**23:30 Gedichte von
Ringelschwanz**
Literarische Stunde

0:30 Der Besamer
Porträt

1:00 Ottels Schlachthof
Kabarett und Comedy

GAR 10

**7:00 Grüße aus dem Kräuter-
garten**
Morgenmusik mit Elmar
und Heidi

8:00 Holundersaft zum Frühstück
Spielfilm, Frankreich 1986

9:30 Der Kresseclub
Live aus dem Gewächshaus

11:00 Giersch
Horrorfilm D/2003

13.00 Gudrun Gardena
Porträt

15:00 Der Rasenmähermann
Beziehungskomödie
D/2004, Directors Cut

17:30 Tod im Kompost
Tatort D/2007

**19:00 Die Schlagerparade der
Gartenzwerge**
Mit den Roten Hosen und
Mario Weißbart

20:30 Das Weidenkätzchen
Actionfilm, USA

Trubel in einer amerikanischen
Kleinstadt, das Weidenkätzchen
ist ausgebrochen. Buster Climex,
ehemaliger Pudel-Dompteur,
hängt sich rein. Zilly, Bockwart im
örtlichen Ziegengehege, sieht
das anders. Chaos pur.

22:00 Gestatten, Beschneider
Mit dem Baumdoktor
unterwegs

23:00 Dr. Help
Berater-Serie. Heute:
Kormorane am Zierteich

**0:00 Monstermücken stechen
zurück**
Horrorfilm, Schweden/1932

2:00 Die großen Schädlinge
Doku-Reihe

2:30 Rote Rosen. Telenovela

FOX

5:00 Ranzzeit
Scharfes Wild begrüßt den
Tag

7:00 Halali

7:05 Deerhunter
Shotcom

8:00 Forsthaus
Talk mit Tieren

11:00 Der Dachs
Börsennachrichten

11:15 Der mit dem Fuchs tanzt
Spielfilm USA/1998

13:30 Dustin Biber
Konzertmitschnitt vom
Nagerfestival in Nelson/
Kanada

18:00 Berühmte Baumschädlinge
Heute: Der
Wurzelschwamm

19:00 Im Rotwildviertel
Tier-Doku

20:15 Tod im Kuschelzoo
Bärendrama, GB/USA 2009

Jack, Sohn einer Braunbärin,
wird von skrupellosen Bären-
händlern entführt und muss in
einem Kuschelzoo Touristen streicheln. Aber keiner ahnt etwas.
Was, das ahnt keiner. Nichts für
schwache Nerven. Großer Kas-
senschlager in Nordschweden.

22:00 Platzhirsch
Legenden
Heute: Lothar Matthäus

23:00 Jagdfieber
Medizin-Journal

23:45 Telehopping
Stoppelhopser kaufen ein

1:00 Servus Elaphus
Hirsch-Fight. Aufzeich-
nung von der Billeberger
Lichtung

„Morgens aus den Federn zu kommen, ist ja wohl das Schlimmste.“

Tiere

Der Landbewohner hat ein ganz spezielles Verhältnis zu Tieren, zu seinen Nutz- und Haustieren, aber auch zu den allerkleinsten Lebewesen. Als ich mal einem befreundeten Bauern bei der Gurkenernte helfen durfte, belohnte er mich für die wenigen Stunden Arbeit in gekrümmter Haltung und meinen anschließenden Rückenschmerzen mit einem Mittagessen in der heimischen Bauernstube. In der Kartoffelsuppe schwammen neben den zugehörigen Zutaten auch ein Dutzend weich gekochter Fliegen, hungrige Flugrüssel aus dem anliegenden Schweinestall, die ich mit quälendem Würgereiz auf den Tellerrand platzierte, was von der wonnig löffelnden Bauernfamilie höflich mit mühsam unterdrücktem Unverständnis quittiert wurde. Verweichlichter Städter! Also, selbst die kleinsten Lebewesen finden unter bestimmten Verhältnissen einen würdigen Platz in der Nahrungskette der Landbevölkerung.

Grundsätzlich haben die Bauern gelernt, dass alle Schnitzel und Koteletts vormals goldige Kälbchen oder wonnige Schweinchen waren. Während der Städter diesen Prozess vom Stall zum Fleischregal tunlichst verdrängt, wird er von den Landbewohnern pragmatisch begleitet. Das schafft eine spezielle Bindung, frei von Romantik und Verniedlichung (wobei es schon vorkommt, dass Bauern ihren Lieblingskühen Namen geben, gern auch den einer missliebigen Verwandten), eine Einstellung, die dem Haustierhalter in der Stadt, der die leckeren Rindshäppchen für seine Muschikatze im Porzellanschälchen mit einem Blatt Basilikum krönt, brutal und herzlos erscheint.

Das härteste Beispiel für einen Vertreter beinharter Viehzucht war ein niederbayerischer Schweinezüchter, dessen Hof unmittelbar gegenüber dem Haus meiner Freunde lag, einem Paar aus Berlin, das sich in diesem kleinen Dörfchen in ein altes Bauernhaus zurückgezogen hatte. Je nach Windrichtung schlug schon hin und wieder der beißende Geruch des Schweinestalls zu ihnen herüber. Ob wir nicht mal einen Blick in seinen Stall werfen wollten, fragte uns das alte Bäuerchen, das längst ausgespäht hatte, dass drüben Besuch aus der Stadt eingetroffen war, dem er nun stolz seine Schweineställe zeigen wollte.

Land Hostel
Güllingen
Welcome-Shake mit Bianca & Gunda

Direkter Kontakt mit Locals

Early Morning Milk-Pumping

Guiding-Tour: Das beste Gras der Region

Dancing mit den „Hard Boiled Eggs"

special offer!

Auf euren Besuch freuen sich Hostelmother Gudrun und Team !

Diesen Einblick habe ich ewig bereut. Nie mehr werde ich den leidvollen Blick der in engsten Koben eingepferchten, geschundenen Kreatur vergessen. Ich war kurz davor, den Bauern zu fesseln und zu knebeln, die Schweine von ihren Gurten und Leinen zu befreien, an die er sie gebunden hatte, damit sie sich in ihrer Qual nicht die Schädel an den Wänden zerschlagen, und sie auf die weiten Wiesen zu entlassen. Ein Rudel von glücklich grunzenden, erlösten Schweinen auf dem Weg in die Freiheit. Bei dem Bild traten mir fast die Tränen in die Augen. Diese Ställe waren der Abgrund des Grauens, ein Beleg allerschlimmster Tierquälerei, eigentlich eine schwere Form von Geiselnahme und Schweinemissbrauch. „Sau und Dreck kenna anand von kloan auf", sagt ein Bauernspruch. Na dann. Die knorrige niederbayerische Bäuerin aber antwortete auf meine betroffene Frage, ob es denn nötig sei, Tiere in dieser Art zu halten, gütig und tröstend: „A jeds hat seine Aufgabe im Leben!" Und am Sonntagmorgen gingen die beiden braven Bauersleute sicher einträchtig in die Kirche, lauschten der Predigt des Pfarrers, wie er von der selig machenden Kraft der Liebe sprach und echoten bejahend: „Amen!". Das ist hart.

Zum Glück hat sich im Verständnis von Viehhaltung mit den Jahren und neuen Erkenntnissen, unter anderem, dass glückliche Tiere einfach besser schmecken, viel geändert. Bei unserem örtlichen Biobauern genießen Schweine und Rinder All-Inclusive-Betreuung in komfortabler, artgerechter Tierhaltung, die viele Menschen in ihren Betonzellen in den grauen Wohnsilos reineweg neidisch macht. Alleinigen Trost finden sie nur in der Tatsache, dass sie, im Unterschied zu den Tieren, vom Wohnungseigentümer nicht geschlachtet werden.

Ein spezielles Tier hat auf dem Bauernhof eine Sonderrolle: der Hund! Er genießt einerseits privaten Familienanschluss, andererseits hat er auch feste Aufgaben zu erfüllen. Als Hütehund die, nervöse Herdentiere zusammenzuhalten, als Hofhund die, ungebetene Gäste und die Hausbewohner gleichermaßen voreinander zu warnen. Die Paarungsgelüste der verschiedensten Hunderassen gebären kunterbunte Charaktere, vom gutmütigen Schwanzwackler bis zur angriffslustigen Bestie, viele Bauern legen nicht zwingend Wert auf reinrassiges Erbgut, Hauptsache, das Tier übernimmt solide die nötigen Aufgaben. Tut es das verlässlich, integriert es sich damit selbstverständlich in den Landbetrieb, sodass es viele Bauern nicht mehr für notwendig erachten, ihren folgsamen Hundeknecht an die Leine oder Kette zu nehmen.

„Je kleiner das Dorf, desto bissiger der Hund", sagen die Bauern. Scheinbar sind sie, im stolzen Selbstverständnis des Besitzers und Bewirtschafters gewaltiger Landflächen, der heimlichen Überzeugung, dass ihr Hof einen imaginären Radius hat, dem sich als externer Besucher ungestraft nur der Postbote oder der Tierarzt nähern dürfen. Fremde, arglose Spaziergänger oder Wanderer, die diese Zone betreten, müssen sich dagegen, falls sie nicht schon das ferne Bellen des Zerberus eine Richtungskorrektur vornehmen lässt, ihm wohl oder übel stellen. Währenddessen stellt sich der Bauer, so er anwesend ist, abwesend. Ich hingegen unterstelle ihm, dass er lustvoll hinter seinem Sprossenfenster lauert, um sich daran zu weiden, wie der aschfahle Passant mit seinem Angstschweiß und dem zähnefletschenden Hund kämpft. Menschen mit Hundephobie wurden schon in stocksteifer Angststarre von Sicherheitskräften auf einer Sackkarre aus dem Gefahrengebiet gebracht. Katzen leben auf einem Bauernhof ebenfalls in stiller Abmachung mit dem Hofstaat. Sie erhalten Unterkunft und ein tägliches Schälchen Milch gegen die Verpflichtung, Stall und Scheune von Mäusen zu befreien und sich von den Bauernkindern streicheln zu lassen. Für medizinische Versorgung und den Nachwuchs müssen sie selber sorgen. Dazu der passende Bauernspruch: „Die Katze wird sich schon melden, wenn man ihr auf den Schwanz tritt." Manchmal meldet sie sich aber auch gar nicht mehr, weil sie unter die Räder oder in ein Erntegerät geraten ist. Das Leben geht weiter, der nächste Wurf kommt bestimmt. Bauernseele hat keine Zeit für große Sentimentalitäten, geschweige denn Nachrufe.

Der schwarze Schwan

Meine Nachbarin hatte ihn zuerst bemerkt und war hin und weg. Sicher hatte sie unlängst im Kino den faszinierenden Film „Black Swan" gesehen – und da war er nun.

„So etwas Schönes und Majestätisches habe ich ja in meinem Leben noch nie gesehen, und das mitten auf dem Dorfteich, gleich hinter Kirche!"

„Was denn, was denn?"

„Ein schwarzer Schwan!!! Ein Traum!"

Unseren bescheidenen 4 000 qm großen Dorfteich hatte sich Eure Rarität im schwarzen Federkleid als Domizil auserkoren? Ich wollte es zuerst gar nicht glauben, bis ich ihn selber sah. Wahrhaftig, ruhig schwamm er in der Mitte des Teiches, den Kopf in die Ferne gereckt, leicht dümpelnd in unendlicher Würde, mit dem schmerzend süßen Zauber fast mystischer Melancholie. Ein Bild, an dem ich mich nicht satt sehen konnte. Regelmäßig lief ich nun täglich mit meinem Hund am Teich vorbei, höchst bedacht, ihn nur nicht zu verschrecken, mir dieses Bild zu erhalten. Scheinbar fühlte er sich sauwohl auf diesem Gewässer, das er sich nun zu seinem Domizil ausgewählt hatte, denn, wann ich auch kam, er war da. So sehr dieser Anblick in mir immer auch Glücksschübe auslöste, so sehr mischten sich auch wehmütige Gedanken dazu: Er kam mir einsam vor. Nichts vermittelte meiner Ansicht nach mehr seine Sehnsucht nach einem Weibchen an seiner Seite, als sein melancholischer Blick in die Ferne. (Ich glaubte, er hätte auch eine Weiße genommen.) Welcher Mann kennt dieses Gefühl nicht? Wie lange habe ich in jungen Jahren in die Ferne gestarrt, mit dem Wunsch, dass *sie* am Horizont mit weichem Flügelschlag erscheinen möge, schön und wohl gebaut und voller Sehnsucht nach einem schlaksigen, dürren Knaben, der schon bei dem Gedanken an sie ganz weiche Knie bekam. Ich verstand das Schicksal dieses stolzen Tieres also fast wie mein eigenes. Aus Naturfilmen und dem Biologieunterricht wusste ich ja bereits, dass Schwäne in monogamer Partnerschaft leben und allein todunglücklich sind. Ich erinnerte mich noch daran, als es mal durch alle Medien ging, dass so ein Single-Schwan sich in ein Tretboot verliebte und diesem albernen Wasserge-

fährt nicht von der Seite wich. Nur wegen des strengen deutschen Reinheits-
gebotes hatte man eine Paarung mit allen Mitteln vereitelt.

Ich sprach mit meiner Nachbarin über dieses Thema. Wie könnte man dem
einsamen Galan helfen? Elite-Partner? Nur für Menschen. Greenpeace? Nur für
Wale. Wir waren uns letztlich einig, dass die Natur das selber regeln muss.
Irgendwann, eines Tages, wird *sie* kommen und auf seinem Teich landen, *er*
muss nur Geduld haben.

Nie sah er gleich aus. Zu den verschiedensten Tageszeiten spielte das Licht
mit seinem Gefieder, mal verstärkte es die Tiefe des Schwarzes mit bläulichem
Schimmer, mal warf die Sonne das Glitzern des Wasserspiegels wie silberne
Scherben über seinen Körper, und er funkelte wie ein schwimmender Diamant.
Ich war langsam süchtig nach diesem Tier und nahe dran, ihn zu adoptieren. Ja,
er inspirierte mich jeden Tag mehr, und täglich zog es mich zu ihm hin. Mein
Hund hatte die Strecke nun schon bis zur Erschöpfung abgeschnuppert und
fing langsam an, sich zu langweilen.

Nach zwei Wochen hatte sich in mir tatsächlich so eine Menge an Gefüh-
len gegenüber diesem Wesen aufgebaut, dass ich meinte, ich könnte ihnen
nur mit einem Gedicht den würdigen Ausdruck verleihen. Ein gefeiltes, gran-
dioses Werk sollte es werden, ein Epos, um diesem edlen Vogel für immer
ein lyrisches Denkmal zu setzen. Mehr und mehr formten sich meine Worte,
wuchs das Werk zu einem mächtigen Poem und strebte von Mal zu Mal seiner Vollendung entgegen.

Damit nicht genug, auch bildlich wollte ich den Star unseres Dorfteiches
festhalten. Meine gute alte NIKON F3, die mit dem gewaltigen Teleobjektiv,
erschien mir als die geeignete Kamera, um aus diskreter Entfernung federna-
he Fotos zu schießen. Mein Respekt vor diesem Schwan war so groß, niemals
würde ich ihn durch ein tölpelhaftes Überschreiten der Diskretionsschwelle
verärgern wollen und davonfliegen lassen. Das hätte ich mir ein Leben lang
nicht verziehen. Also schleppte ich die schwere Kamera mit Stativ zur Loca-
tion. „Ein Swan-Shooting, Freunde", sagte ich allen, die mir auf der Strecke
verdutzt hinterher schauten. „Kauft euch mal nächsten Monat die NATUR oder
die VIEW und klappt die Doppelseite auf, da werdet ihr das Ergebnis sehen,
und die Verleihung des ersten Preises für das beste Naturfoto weltweit mit

dem Titel „The Black Swan" könnt ihr dann im Fernsehen verfolgen. Der mit der Medaille und dem dicken Scheck zwischen den Zähnen, das bin ich!"

Ich bog gerade um die Mauer des Friedhofgeländes, um in den Weg zum Teich einzubiegen, als mir Volker über den Weg lief. Volker, Herrchen eines gemütlichen Berner Sennhundes namens Paul. Er stutzte. „Wo soll's denn so eifrig hingehen, Meister?", fragte er, leicht verschmitzt. Begegnungen in dörflicher Eintracht sind immer sehr intensiv, schließlich hungert der Landbewohner nach Neuigkeiten und Sensationen, auf jeden Fall nach Stoff, der sich wunderbar anreichern und gut weitererzählen lässt, und ich stellte für ihn in diesem Augenblick eine heiße Quelle dar. Es stand in seinen Augen.

„Nun, es sei Zeit, ein großes Werk zu tun", antwortete ich kurzatmig. Er kenne ja doch wohl diesen göttlichen Schwan auf dem Teich, allein ihm gelte mein ganzer Aufwand.

„Ich muss dieses Wunder für immer festhalten. Ein schwarzer Schwan auf unserem Dorfteich, gewaltig!", ergänzte ich mit bewegter Stimme.

Stille. Volker starrte mich ungläubig an.

„Die Plastikente?", fragte er und grinste fröhlich. „Doch nicht dein Ernst?"

Ich war bereits in der Vorwärtsbewegung und ganz auf mein Ziel fixiert, darum mussten seine bösen Worte sich etwas beeilen, um ja noch meine enteilenden Ohren zu erreichen, aber solche Worte schaffen es seltsamerweise immer und bewirkten in mir, was man gemeinhin als Schockstarre kennt. Der emotionale Supergau! Mit leerem Blick und der bleischweren Last eines mächtigen fotografischen Equipments, stand ich wie erschlagen in der Landschaft und fühlte mich wie ein absoluter Vollidiot.

„Ich hörte, die wollen mit der schwimmenden Tupperbox die Kormorane fernhalten?", sagte Volker noch in einer Mischung aus Spott, aber auch dem Wunsch, mir damit eine sachliche Erklärung zu bieten und die unsäglichen Schmerzen meiner Ernüchterung ein wenig zu lindern. Fotografiert habe ich das Objekt dann trotzdem, als Beleg, wie schändlich die abgeklärten Dorfbewohner mit der Fantasie romantischer Menschen umgehen.

Hier war die Geschichte eigentlich zu Ende. Aber manchmal meint es das Schicksal gut mit einem und salbt geschlagene Wunden mit einer unerwarteten Fortsetzung.

Gibt es irgendjemanden, der einen Kormoran tatsächlich für blöd hält? Nach zwei Wochen habe ich ihn bemerkt, wie er am Rande des Teiches stand und den Schwan fixierte. Ganz ruhig und geduldig. Im Gegensatz zu mir ist ihm wohl schnell aufgefallen, dass dieser Bursche sich ziemlich einseitig bewegte und keine Anstalten machte, ihn aus seinem Revier zu verjagen. Irgendwann ist er dann zu ihm hingeschwommen, um festzustellen, dass dieses imposante Federtier eine Attrappe war. Von Stund an hatte er ihn für sich als Insel erkoren, hockte quietschvergnügt auf seinem Rücken und hielt nach leckeren Fischen Ausschau. Als Eroberer und zur Bekundung, was er von dieser Aktion mit der schwarzen Vogelscheuche wirklich hält, hat er den Plastikschwan inzwischen von oben bis unten vollgekotet. Ich liebe Kormorane. Arbeite gerade an einem Gedicht ...

Igittigittigittigittt!!!!

Gestern stand meine Nachbarin Petra von Abscheu geschüttelt vor meiner Tür, sie konnte vor Entsetzen kaum sprechen. Menschen in Angst machen mir auch erstmal Angst, gleich darauf besinne ich mich aber und versuche ein ganz starkes Männchen zu sein, so, wie die Natur es, nach Ansicht konservativer Menschen, für den Mann vorgesehen hat. Ganz besonders dann, wenn eine Frau um Hilfe fleht.

„Komm schnell rüber, komm schnell rüber, schnell!!"

„Feuer? Überfall? Die Brennstäbe des Wasserkochers liegen trocken? Was ist denn nur?"

„In meinem Schlafzimmer ist eine Fle-der-maus!!!" Sie dehnte das Wort wie ein Gummiband, damit ich das Unfassbare in seiner ganzen Abscheu auch schleunigst begreifen möge. Sie zitterte vor Ekel, bebte in schaudernden Schüben, sie war ein Bild des Jammers. Frauen und Flattertiere, das ist sowieso eine Geschichte für sich. Über Spinnen will ich gar nicht reden.

„Ich dachte erst, der Hund hätte auf den Teppich gemacht", keuchte sie, „bis ich aber sah, dass … das Häufchen Augen hatte! Es schaute mich direkt an!!"

Tut mir leid, ich mag Fledermäuse gerne. Kleine Batmans, große Flieger, besonders in tiefer Finsternis, außerdem schnappen sie sich Insekten. Es gefällt mir, dass sie Flying Food mögen. Außerdem habe ich auch Respekt vor ihnen, was sicher mit all den Sagen und Gerüchten und den vielen Kinofilmen zu tun hat, die sich um dieses Wesen rangen: Vampire!!

„Wie furchtbar, brrrrrrr … eine Fledermaus … scheußlich, Gott, ist das scheußlich!"

Sie wand sich weiterhin vor Abscheu und raufte ihre Haare. Sie wollte sich nicht beruhigen. Als ich die Schlafzimmertür im ersten Stock öffnete, versteckte sie sich sofort unten hinter der Tür zur Küche.

„Und du gehst da wirklich rein!!?? … Gott, ist das furchtbar …!!"

Tatsächlich, auf dem Teppichboden im Schlafzimmer saß eine kleine Fledermaus, nach meiner Einschätzung gerade noch in der Pubertät. Mit bloßen Augen konnte ich erkennen, dass dieser kleine Flugsaurier unter Schock stand, er machte sich ganz flach und hielt sich völlig verängstigt die Flügel vor die Augen. Moment mal – pscht! – hörte ich da nicht sein leises, zitterndes Stimmchen?

„In meinem Schlafzimmer war eine riesige, kreischende, furchtbare Frau", vernahm ich, brrrrr ... war das ein Horror!"

Ich habe dann ganz vorsichtig ein Hemd über das Häufchen gelegt, um es nur nicht zu verletzen (Hö-hö! Schiss hattest du, dass sie dich beißt!!) und das zusammengeknüllte Objekt vorsichtig ans Fenster getragen, woraufhin das Tierchen merkwürdige Töne von sich gab, es klang fast wie Grunzen, und dann aus dem ausgebreiteten Hemd erleichtert in die Abenddämmerung flatterte.

„Ist sie raus? Ist sie denn raus?? Sag doch??!!", kreischte es von unten.

„Aber ja doch."

Souverän schritt ich die Stufen herunter und glitt auf dem Kamm ihrer überschäumenden Dankbarkeit sanft nach draußen. Die Nacht empfing mich mit schwarzer, nüchterner Kühle, und als ich mich in erhabener Haltung auf den Weg machte, schien es mir, als hätte ich fast keine Bodenberührung. Und dann streckte ich beide Arme nach oben, spannte meinen Umhang und flatterte mit ruhigem Flügelschlag zurück.

„Der Wahnsinn! Voll in Dolby Surround!"

Das Schaf

Auf den saftigen Wiesen der norddeutschen Küstenregion finden Schafe einen üppig gedeckten Tisch und dazu immer eine leichte bis kräftige Brise, gut für Tiere, die oft im heißen Sommer im dicken Pullover herumlaufen müssen. Regelmäßig im Frühjahr verdoppeln oder verdreifachen sich die Herden, und allerliebste kleine Lämmer springen und tollen auf den Weiden herum und wirbeln allerliebst mit ihrem kleinen Schwänzchen, wenn sie an Mamas Zitzen saugen. Schwer vorstellbar, dass aus diesen aufgeweckten Tierchen eines Tages ausgesprochen dumpfe und extrem schreckhafte Schafe werden.

An unserer südlichen Grundstücksgrenze führt ein kleiner Weg direkt zum Marktplatz an einer eingezäunten Wiese vorbei, auf der regelmäßig Schafe weiden. Auf dem schlurfte ich an einem Samstagmorgen noch leicht schlaftrunken zum Bäcker. Etwas kam mir dieses Mal merkwürdig vor. Und richtig, mitten auf der Koppel lag ein lebloses Schaf! Eindeutig! Ich kann doch schließlich ein totes Schaf von einem quicklebendigen Schaf unterscheiden. Dieses Tier lag mit unnatürlich gespreizten Beinen in seinem dicken Fell auf dem Rücken, glotzte starr in den Himmel und bewegte sich keinen Millimeter. So liegt kein gesundes Schaf, nicht mal bei der Morgengymnastik. Die anderen Schafe mampften anteilnahmslos weiter ihr Gras und scherten sich nicht um ihr verendetes Rudelmitglied. Ein erloschenes Tierleben an diesem sonnigen, lebensfrohen Samstagmorgen, mitten im saftigen, üppigen Grün, das bewegte mich. Es waren die Schafe von Uwe, das wusste ich, Chef eines landwirtschaftlichen Kleinbetriebes und Halter der verschiedensten Nutztiere. Ich also sofort ans Telefon: „Moin, Uwe!" (In Nordfriesland sagt man den ganzen Tag über „Moin", weil „Moin" nichts mit „Guten Morgen" zu tun hat. In haltloser Plauderlaune sagt der sonst so wortkarge Küstenbewohner auch schon mal „Moin, Moin!" Und das aber, liebe Freunde in Süd-, West- und Mitteldeutschland, zu jedem den er trifft, auch Fremden gegenüber. Offen und herzlich und nicht so verstockt wie bei euch, wo die Menschen in der Öffentlichkeit stumm aneinander vorbeilaufen, stumm!! Bei euch grüßt sich keiner, der sich nicht kennt. Der Friese grüßt jeden, ohne Vorbehalt. Solche Herzlichkeit traut ihr den Fischköppen gar nicht zu, oder?)

„Ach, der Peter? Um diese Zeit?" (Im Verständnis des grundsoliden Einwohners, in der Regel Handwerker oder Landwirt, schläft ein Künstler bis zum Mittag und macht sich dann, nach einem mehrstündigen Frühstück, auf die Suche nach der Muse. Findet er sie nicht, legt er sich wieder hin. Wann er eigentlich mal arbeitet und wovon er lebt, erscheint diesen bodenständigen Menschen als ein ewiges Geheimnis.)

„Uwe, ich wollte nur sagen, bei dir auf der Koppel liegt ein totes Schaf."

Stille in der Leitung. Natürlich, Uwe war erstmal geschockt. Dann fing er sich wieder.

„Peter? Tust mir einen Gefallen? Stellst es wieder hin?!"

„Was soll ich machen??"

„Stellst – du – es – bitte – wieder – hin?"

„Was soll ich hinstellen? Das tote Schaf?"

„Unsinn, das ist nicht tot. Einfach hinstellen. Wenn es so zu lange liegen bleibt, stirbt es, wird von seinen eigenen Organen erdrückt. Schafe mit dicker Wolle können sich von selber nicht mehr aufrichten, wenn sie aus irgendeinem Grund unglücklich umgefallen sind, ihr schweres Fell hält sie davon ab. Sie kommen beim besten Willen nicht mehr hoch."

Das hatte ich ja noch nie gehört, Schafe kann man wieder hinstellen? Ich war sprachlos, aber auch erleichtert. Das Schaf war also gar nicht tot? Es tat nur so?

Ich versprach: „Okay, mach ich, Uwe!"

Die ganze Herde drehte natürlich völlig durch, als ich über den Zaun kletterte und ballte sich in der äußersten Ecke der Koppel zu einem Haufen Angsthasen zusammen, während ich zu dem Scheintoten eilte. Tatsächlich, das Tier lebte! Es grunzte aufgeregt, als es mich bemerkte, die Angst konnte ich an seinem wild pochenden Herzschlag spüren. Ich packte es entschlossen an seiner fettigen Lanolinwolle und drehte es zur Seite. Schwupp, es stand, glotzte, schüttelte sich, setzte einen scharfen Strahl schäumend in die Wiese und lief sofort, ohne eine Geste der Dankbarkeit, zu seiner Herde, wo es blökend wieder in die Familie aufgenommen wurde. So sieht Erleichterung aus. Wahnsinn, ich hatte einem Tier das Leben gerettet. Ein Wunder und eine Erfahrung mehr im rauen Landleben, wo die Natur ein Tier gnadenlos in seinem Pullover sterben lässt, nur weil es versehentlich umgekippt ist. Pfui, sie soll sich schämen.

Seitdem ich das weiß, achte ich ganz anders auf Schafherden, schaue immer mal genauer hin, ob irgendwo eines dieser Tiere auf dem Rücken liegt. Ich habe einen Blick dafür entwickelt. Zwei Monate später ist mir wieder eins ins Auge gefallen, ich bin bei Wind und Regen auf die Weide gelaufen und habe das verunfallte Tier wieder hingestellt. Letzte Woche, auf dem Weg zum Nachbarort, bemerkte ich schon wieder eins. Eine wahre Serie.

Man muss sich das mal vorstellen, ein Leben lang habe ich kein scheintotes Schaf bemerkt, und nun sehe ich ständig bewegungsunfähige Schafe herumliegen. Was bedeutet das denn? Einmal habe ich mitten auf einer viel befahrenen Bundesstraße gebremst, bin rechts auf den Standstreifen, habe die Warnblinkanlage eingeschaltet, bin über mehrere Zäune geklettert – um wieder mal einem Schaf das Leben zu retten. Es ist keine große Aktion, aber man fühlt sich richtig gut danach.

(Ich fahre jetzt schon sicherheitshalber immer etwas früher los, wenn ich einen Termin habe. Man weiß ja nie.) Müsst ihr mal probieren, macht Spaß. Langsam habe ich aber den Eindruck, ich bin für die nordfriesischen Schafe wie der Helfer vom Landwirtschaftlichen Hilfswerk. Ist es möglich, dass sich unter ihnen herumgesprochen hat, dass ich das jetzt in meinem Leben brauche? Und soll das jetzt heißen, dass sie sich schon lustvoll auf den Rücken schmeißen, wenn sie mich nur in der Ferne kommen sehen? Eine berufliche Perspektive als professioneller Schafaufsteller halte ich für durchaus erwägenswert.

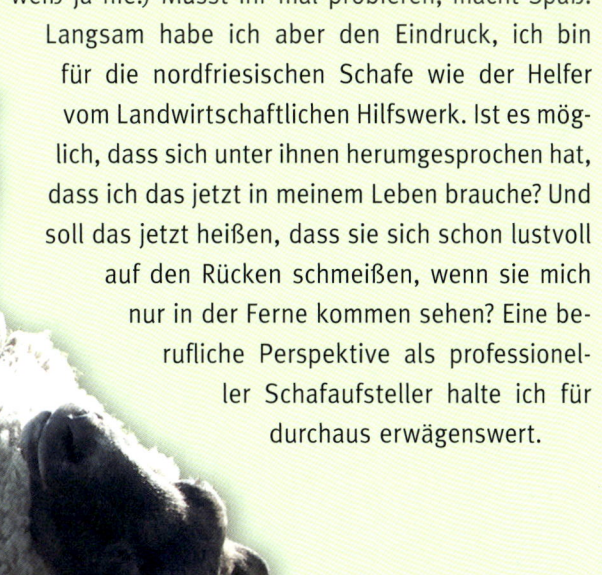

PLATZ 13

Aus den Husumer Nachrichten, 8.6.2011

„Der Aal – ein Meeresbürger stirbt aus."

(Unser Mitbürger, der Herr Aal.)

PLATZ 12

Aus den Flensburger Nachrichten, 8.6.2011

Seebestattung: Der maritime Abschied in Nord- und Ostsee.

(Hälfte, Hälfte.)

PLATZ 11

Aus den Nordfriesische Nachrichten, 23.6.2011

Überschrift eines Artikels über das Ergebnis der Blutspendetermine des DRK-Ortsvereins Garding:

Fünf Eimer Blut gespendet!

(Blutmelker!)

PLATZ 10

Aus: Die Wochenschau am Sonntag, 12.6.2011

Aus einem Restaurant-Test: **„Wir müssen nicht lange warten, bis unsere Vorspeisenteller ihren Weg aus der Küche zu uns finden."**

(Mit dem Navi geht das auch für Vorspeisen heute doch ganz leicht.)

PLATZ 9

Aus den Husumer Nachrichten, 10.6.2011

Überschrift:

Heute Fledermaus-Wanderung

(Aber nur für Fledermäuse, die diese Ankündigung auch lesen können.)

PRINT
BEST-OF LÄN

PLATZ 8

Aus: AM SONNTAG, Passau, 17.7. 2011

Aus einem Bericht über die „Hot Summer Night" im Bahnhof Neustift:

„Es wird getanzt, als gäbe es keinen Morgen. Ekstase und Weltfrieden, Solarium und Kalkfischen, 6 Stunden Sommer, Sonne, Sonnenschein. Es wird auch diesmal keine bessere Feiermeute geben, jung gebliebene Ü30er und Ü40er und gut bestückte Kerle à la Andreas Münch, gepaart mit jungen Partygrößen, rocken das Bahnhof Neustift Sommerfest 2011."

(Und nach der Paarung noch ein wenig Kalk.)

PLATZ 7

Aus den Husumer Nachrichten, 15.6.2011

„Seinen 20. Geburtstag feiert in diesem Jahr das Rosarium im Schlosspark … Zu diesem werden mehr als 50 Majestäten aus Deutschland und dem Ausland erwartet, darunter die Nordelbische Steckrübenkönigin, die Südtiroler Apfelkönigin und die Deutsche Hutkönigin."

(Keine Bienenkönigin.)

SHOW

LICHE PRESSE

PLATZ 5

Anzeige Restaurant *Kirchspielkrug* in Ladelund

Schmecken Sie doch mal rein!

(Und schauen Sie sich satt!)

PLATZ 3

Aus: NF-Nachrichten, 10.6.2011

Sein traditionelles Hähne-Wettkrähen veranstaltet der Geflügelzuchtverein Garding morgen im Stadtpark.

(Deutschland sucht den

PLATZ 2

Aus den Husumer Nachrichten, 13.6.2011

„Morgen findet die Premiere der Operette ‚Im Weißen Rössl' auf der Landesgartenschau in Norderstedt statt. – Als besondere Aktion geben die Veranstalter einen ‚Dirndl-Rabatt' auf den Eintrittspreis für alle Personen, die im Dirndl erscheinen."

(Tunten, Transen, Schwuchteln – eure Chance!)

PLATZ 6

Aus den Husumer Nachrichten, 16.6.2011

„Auf der Bühne im Brauereihof Süd in Flensburg steht mit Kim Larsen der dänische Udo Lindenborg."

(Udo Lindenborg?)

PLATZ 4

Aus den Husumer Nachrichten, 17.6.2011

Innenminister Klaus Schlie eröffnete mit einem Biss in den jungfräulichen Hering die 44. Glückstädter Matjeswoche.

(Unhold!)

PLATZ  1

Aus Die Wochenschau, 29.5.2011

„Die Enge Straße in wird am 2. Juni ab 15 Uhr wieder zum Schauplatz des Ei-Renn-Man. Es laufen Männer mit einem Ei eine Strecke von 120 Metern."

(Halbkastraten unterwegs.)

Aus dem Tagebuch einer Wandergruppe:

„20:35 Uhr: Langsam versinkt die Sonne im rötlichen Schein am Horizont, da sehen wir sie: Majestätisch und mächtig ragen sie in ihrer eleganten Schönheit in den dunkelblauen Abendhimmel, und ihre gewaltigen Flügel zerteilen mit anheimelndem Rauschen die Luftmassen. Windmühlen! Das rhythmische Blinken ihrer Warnlichter verschmilzt mit dem Funkeln der Sterne. Wir sind überwältigt. Wie harmonisch sie sich im Wind drehen und der grenzenlosen Weite der Landschaft Leben verleihen, so wie Grashalme der platten Krume. Eine Augenweide. Man kann fast meinen, sie wären schon immer dagewesen. Gehörten doch seit jeher Mühlen in unser Landschaftsbild, schienen dann fast vergessen, nun endlich sind sie wieder da. Mit jeder Drehung erzeugen sie spielerisch kostbaren Strom und malen damit gleichermaßen den Herstellern, Betreibern und Anteileignern gewiss die Röte der Zufriedenheit ins Gesicht. Ihnen sei Dank. Wie wir hörten, würden noch mehr Windmühlen kommen, viele, viele mehr, bis die einst so waldarme Küstenregion endlich restlos mit ihnen aufgeforstet ist. Wohl dem Glücklichen, der in ihrem kühlenden Schatten leben darf. Frau Kerngruber fragt, wo denn das Meer sei? Ich sage, wahrscheinlich irgendwo dahinter."

Aal satt

D er Nordfriese nimmt Speisen und Getränke bevorzugt in ausgelassener Gesellschaft zu sich.
Er feiert gerne. Gibt es keinen Anlass, schafft er einen.
Das zieht sich lückenlos vom „Kindskiek", der sogenannten
Besichtigung eines Neugeborenen, bis zur Taufe des ersten Rollators durch. Alkohol ist als Stimmungsbeschleu-
niger dabei ein unersetzlicher Stammgast. Es gibt ihn
wahlweise in kleinen, fröhlichen Flaschen mit originel-
len Namen, wie „Fieser Friese", „Kleiner Feigling" oder
„Schwarze Sau" oder als größeres Kaliber in der re-
gional so geschätzten „Mische", Wodka, Korn, Rum
oder Whisky in mächtigen Karaffen mit einem Sprit-
zer Cola versetzt, alternativ auch als „Friesenbowle"
bezeichnet.

Unvergesslich, wie ich im ersten Jahr meines noch jungen Dorflebens auf
einem großen Geburtstagsfest von der Bedienung gefragt wurde, welche Bow-
le ich denn gerne trinken möchte? Der Gedanke an ein fruchtiges Kaltgetränk
mit ganzen Obststücken gefiel mir ausnehmend gut. „Habt ihr Erdbeerbowle?",
fragte ich, schon wohlig schmatzend. Meine Frage schlug ein wie ein Kanonen-
schlag. „Eine Erdbeerbowle!?? Er will Erdbeerbowle!!"

Die dralle Blonde trompetete mein Ansinnen in den Saal, und gut hundert
Ureinwohner klatschten sich vor Freude auf die mächtigen Schenkel. Diese Erfahrung buchte ich unter „Anpassung an die örtliche Trinkkultur" von Stund
an in mein Dorfleben ein.

Der Ureinwohner liebt dieses Getränk, weil es, wie er sagt, zügig „duun"
macht, einen Zustand, der Hüftsteife zu geschmeidigen Tänzern, Wortkarge
zu offenherzigen Plaudertaschen und Brave zu schnurrenden Lustmolchen
macht. Eine der urtümlichsten Veranstaltungen in einer nahe gelegenen Gast-
stätte, an denen ich jemals teilgenommen habe, hieß „Aal satt". Der Einheimische mag es grundsätzlich gerne fett, als Fötus schon schwamm er lieber in

leckerer Sahne als im mageren Fruchtwasser, so also entspricht der glitschige Aasfresser ganz seiner Idealvorstellung von reichhaltiger Nahrung, wie sie Generationen von schwer arbeitenden, ehrbaren Fischern und Handwerkern schon vor ihm verkösigten. Für diese Festlichkeit zahlte man eine Pauschale, die einen befugte, sich alles, was an gekochten, geräucherten oder gebratenen Aalen zu ergattern war, bis zum Abwinken einzuverleiben. Die geräucherten Aale standen wie Blumensträuße gebündelt in Krügen auf allen Tischen parat und starrten einen aus ihren toten Augenhöhlen verstört an. Nichts für sensible Gemüter. Erfahrene Gäste packten sich den Fett-Snack und schälten ihn geschickt wie eine Banane, der so entblößte Fisch wurde danach wie ein Maiskolben quer zum Gesicht lustvoll abgeknabbert, als Verdauungshilfe goss man einen eiskalten Aquavit obendrauf. Gegen den Schnapsbrand wiederum schälte man sich flugs den nächsten Aal, usw. usw., Schicht auf Schicht, wie bei einer Lasagne. Der ganze Festsaal dampfte nach Aal, Alkohol und Verdauungssäuren, während Kuddel, mein Nachbar, mir in Plattdeutsch ausufernd aus seinem Leben erzählte. Wie gerne hätte ich ihn verstanden. Unterdessen trieb eine rustikale Combo die ausgelassenen Gäste mit volkstümlichstem Liedgut an die Grenzen der tänzerischen Selbstkontrolle. Solch brodelnder Lebenslust stehe ich mit größter Bewunderung gegenüber, noch mehr aber der Ausdauer, mit der der Einheimische das durchzieht. Freunde, gegen so ein Fest ist die Love-Parade eine Priesterweihe. Als ich gegen fünf Uhr morgens, bis auf die letzte Faser durchgeschwitzt, andeuten wollte, dass mein Körper Signale von Erschöpfung sendete, der ich zaghaft nachzukommen gedachte, schlug mir auf der Stelle ein drohendes „Du willst doch nicht etwa gehen?" entgegen. Da man kein Schwächling sein möchte, auch keinen enttäuschen will, bleibt man also und hofft, dass die beginnende Morgenkühle einen erfrischt. So wurden mir auch die kichernden älteren Damen bewusster, die in ihren Handtaschen heimlich geräucherte Aale mit nach Hause schleppten.

Dass ich als einziger Gast keinen Aal aß und mir stattdessen „Wiener Schnitzel" bestellte, hat man mir am Ende doch leicht verübelt. Nach Aal und Aquavit wird mir nämlich immer schlecht. Dies aber haben sie nicht gelten lassen: „Ja, denkste denn, uns nicht?"

WAS DU NIEMALS TUN SOLLTEST:

Du solltest als Zugereister in deiner Dorfgemeinschaft *niemals …*

... beim Dorfbäcker mit deiner VISA-GOLD-Card bezahlen.

... über die einheimische Kochkunst witzeln.

... den Imker bestechen.

... ihren Dialekt sprechen, wenn du ihn nicht kannst.

... beim örtlichen Fußballverein nach der VIP-Lounge fragen.

... mit dem Feuerwehrauto spielen.

... in den Marktplatzbrunnen pinkeln.

... Handwerker aus dem Nachbarort beschäftigen.

... auf Dorffesten Apfelschorle trinken.

... Unkraut züchten.

... den Gemeinderat zu einer Bunga-Bunga-Party einladen.

... dir dein Kaminholz fertig zugeschnitten liefern lassen.

... bei dörflichen Spendensammlungen knauserig sein.

... auf dem Ortseingangsschild für dich Werbung machen.